TRANSLATE

Translated Language Learning

संस्कृतम्

Translated Language Learning

Aladdin and the Wonderful Lamp

알라딘과 멋진 램프

Antoine Galland

English / 한국어

Copyright © 2023 Tranzlaty
All rights reserved
Published by Tranzlaty
ISBN: 978-1-83566-069-0
Original text by Antoine Galland
From *"Les mille et une nuits"*
First published in French in 1704
Taken from The Blue Fairy Book
Collected and translated by Andrew Lang
www.tranzlaty.com

Once upon a time there lived a poor tailor
옛날 옛적에 가난한 재단사가 살았습니다
he had a son called Aladdin
그에게는 알라딘이라는 아들이 있었다
Aladdin was a careless, idle boy who would do nothing
알라딘은 아무 일도 하지 않는 부주의하고 게으른 소년이었다
although, he did like to play ball all day long
하지만 그는 하루 종일 공놀이를 좋아했습니다
this he did in the streets with other little idle boys
그는 다른 게으른 소년들과 함께 거리에서 그렇게 하였다
This so grieved the father that he died
이 일로 아버지는 몹시 슬퍼하여 사망하였다
his mother cried and prayed but nothing helped
그의 어머니는 울면서 기도했지만 아무 소용이 없었습니다
despite her pleading, Aladdin did not mend his ways
그녀의 간청에도 불구하고 알라딘은 자신의 길을 고치지 않았다
One day Aladdin was playing in the streets as usual
어느 날 알라딘은 여느 때처럼 거리에서 놀고 있었다
a stranger asked him his age
낯선 사람이 그에게 나이를 물었다
and he asked him if he was not the son of Mustapha the tailor
그는 그에게 재단사 무스타파의 아들이 아니냐고 물었다
"I am the son of Mustapha, sir" replied Aladdin
"저는 무스타파의 아들입니다." 알라딘이 대답했다
"but he died a long time ago"
"하지만 그는 오래 전에 죽었어요"
the stranger was a famous African magician
그 낯선 사람은 아프리카의 유명한 마술사였습니다
and he fell on his neck and kissed him
그리고 그의 목에 엎드려 입을 맞추었다
"I am your uncle" said the magician
"나는 네 삼촌이다." 마술사가 말했다
"I knew you from your likeness to my brother"
"나는 너를 내 형제와 닮아서 너를 알았다"
"Go to your mother and tell her I am coming"
"네 어머니에게 가서 내가 간다고 말하여라"
Aladdin ran home and told his mother of his newly found

uncle
알라딘은 집으로 달려가 어머니에게 새로 만난 삼촌에 대해 이야기했다
"Indeed, child," she said, "your father had a brother"
"얘야, 네 아버지에게 동생이 있었구나"
"but I always thought he was dead"
"하지만 나는 항상 그가 죽었다고 생각했다"
However, she prepared supper for the visitor
하지만 그 여자는 그 손님을 위해 저녁 식사를 준비하였습니다
and she bade Aladdin to seek his uncle
그리고 그녀는 알라딘에게 그의 삼촌을 찾으라고 명했다
Aladdin's uncle came laden with wine and fruit
알라딘의 삼촌이 포도주와 과일을 잔뜩 들고 왔어요
He fell down and kissed the place where Mustapha used to sit
그는 엎드려 무스타파가 앉았던 자리에 입을 맞췄다
and he bid Aladdin's mother not to be surprised
그리고 그는 알라딘의 어머니에게 놀라지 말라고 당부했다
he explained he had been out of the country forty years
그는 40년 동안 외국에 있었다고 설명했다
He then turned to Aladdin and asked him his trade
그런 다음 그는 알라딘을 돌아보며 그의 직업을 물었습니다
but the boy hung his head in shame
그러나 소년은 부끄러움에 고개를 떨궜다
and his mother burst into tears
그러자 그의 어머니는 울음을 터뜨렸다
so Aladdin's uncle offered to provide food
그래서 알라딘의 삼촌이 음식을 제공하겠다고 제안했습니다

The next day he bought Aladdin a fine suit of clothes
이튿날 그는 알라딘에게 좋은 옷을 사줬다
and he took him all over the city
그리고 그는 그를 온 도시로 데리고 다녔다
he showed him the sights of the city
그는 그에게 도시의 광경을 보여 주었다
at nightfall he brought him home to his mother
해질녘에 그는 그를 어머니에게 있는 집으로 데리고 갔다

his mother was overjoyed to see her son so fine
그의 어머니는 아들이 그토록 훌륭한 것을 보고 뛸 듯이 기뻤습니다
The next day the magician led Aladdin into some beautiful gardens
이튿날 마술사는 알라딘을 아름다운 정원으로 안내했다
this was a long way outside the city gates
이것은 성문 밖에서 먼 길이었습니다
They sat down by a fountain
그들은 분수 옆에 앉았다
and the magician pulled a cake from his girdle
마술사는 허리띠에서 케이크를 꺼냈다
he divided the cake between the two of them
그는 케이크를 두 사람에게 나눠 주었다
Then they journeyed onward till they almost reached the mountains
그리고 나서 그들은 산에 거의 다다를 때까지 계속 여행하였다
Aladdin was so tired that he begged to go back
알라딘은 너무 피곤해서 돌아가자고 애원했습니다
but the magician beguiled him with pleasant stories
그러나 마술사는 유쾌한 이야기로 그를 속였다
and he led him on in spite of his laziness
그는 그의 게으름에도 불구하고 그를 인도하였다
At last they came to two mountains
마침내 그들은 두 개의 산에 이르렀다
the two mountains were divided by a narrow valley
두 산은 좁은 골짜기로 나뉘어 있었다
"We will go no farther" said the false uncle
"우리는 더 이상 가지 않을 거야." 거짓 삼촌이 말했다
"I will show you something wonderful"
"멋진 것을 보여 드리겠습니다"
"gather up sticks while I kindle a fire"
"내가 불을 피우는 동안 막대기를 모으라"
When the fire was lit the magician threw a powder on it
불이 붙었을 때 마술사는 그 위에 가루를 던졌습니다
and he said some magical words
그리고 그는 마법의 말을 했습니다

The earth trembled a little and opened in front of them
땅이 조금 흔들리더니 그들 앞에서 열렸다
a square flat stone revealed itself
네모난 납작한 돌이 모습을 드러냈다
and in the middle of the the stone was a brass ring
그리고 그 돌 한가운데에는 놋쇠 고리가 있었다
Aladdin tried to run away
알라딘은 도망치려 했다
but the magician caught him
그러나 마술사가 그를 붙잡았다
and gave him a blow that knocked him down
그리고 그를 쓰러뜨리는 일격을 가했다
"What have I done, uncle?" he said piteously
"삼촌, 제가 무슨 짓을 한 거죠?" 그가 가엾다는 듯이 말했다
the magician said more kindly: "Fear nothing, but obey me"
마술사는 더 친절하게 "두려워하지 말고 내게 순종하라"고 말했다.
"Beneath this stone lies a treasure which is to be yours"
"이 돌 아래에는 당신의 것이 될 보물이 있습니다."
"and no one else may touch it"
"다른 사람은 그것을 만질 수 없느니라"
"so you must do exactly as I tell you"
"그러므로 너는 내가 너희에게 말한 대로 행해야 한다"
At the mention of treasure Aladdin forgot his fears
보물 얘기가 나오자 알라딘은 두려움을 잊었다
he grasped the ring as he was told
그는 시키는 대로 반지를 움켜쥐었다
and he said the names of his father and grandfather
그리고 그는 자기 아버지와 할아버지의 이름을 말하였다
The stone came up quite easily
돌은 아주 쉽게 올라왔다
and some steps appeared in front of them
그리고 그들 앞에 몇 개의 계단이 나타났다
"Go down" said the magician
"내려가라." 마술사가 말했다
"at the foot of those steps you will find an open door"
"그 계단 기슭에서 열린 문을 찾을 수 있습니다."

"the door leads into three large halls"
"문은 세 개의 큰 홀로 통한다"
"Tuck up your gown and go through the halls"
"가운을 집어넣고 복도를 통과하세요"
"make sure not to touching anything"
"아무것도 만지지 마십시오"
"if you touch anything, you will die instantly"
"무엇이든 만지면 즉사한다"
"These halls lead into a garden of fine fruit trees"
"이 회관들은 훌륭한 과일 나무들이 있는 정원으로 인도한다"
"Walk on until you come to a niche in a terrace"
"테라스의 틈새에 올 때까지 걸어라."
"there you will see a lighted lamp"
"거기서 불이 켜진 등불을 보게 될 것이다"
"Pour out the oil of the lamp"
"등잔의 기름을 부으라"
"and then bring me the lamp"
"그리고 등불을 가져오시오"
He drew a ring from his finger and gave it to Aladdin
그는 손가락에서 반지를 꺼내 알라딘에게 주었다
and he bid him to prosper
그리고 그는 그에게 번영하라고 명했다
Aladdin found everything as the magician had said
알라딘은 마술사가 말한 대로 모든 것을 찾았습니다
he gathered some fruit off the trees
그는 나무에서 과일을 몇 개 주웠다
and, having got the lamp, he arrived at the mouth of the cave
등불을 들고 동굴 입구에 이르렀다
The magician cried out in a great hurry
마술사는 다급하게 소리쳤다
"Make haste and give me the lamp"
"서둘러 등불을 내게 주십시오"
This Aladdin refused to do until he was out of the cave
이 알라딘은 동굴 밖으로 나올 때까지 그렇게 하기를 거부했다
The magician flew into a terrible passion
마술사는 무서운 열정에 휩싸였다
he threw some more powder on to the fire

그는 불에 가루를 더 던졌다
and then he cast another magic spell
그리고 그는 또 다른 마법 주문을 시전했다
and the stone rolled back into its place
그러자 돌은 굴러 제자리로 돌아갔다
The magician left Persia for ever
마술사는 페르시아를 영원히 떠났습니다
this plainly showed that he was no uncle of Aladdin's
이것은 그가 알라딘의 삼촌이 아님을 명백히 보여주었다
what he really was was a cunning magician
그의 진짜 모습은 교활한 마술사였다
a magician who had read of a wonderful lamp
멋진 등불에 대해 읽은 마술사
a lamp which would make him the most powerful man in the world
그를 세상에서 가장 강력한 사람으로 만들어 줄 등불
but he alone knew where to find it
그러나 그것을 어디서 찾을 수 있는지는 오직 그 자신만이 알고 있었다
and he could only receive it from the hand of another
그리고 그는 다른 사람의 손에서만 그것을 받을 수 있었다
He had picked out the foolish Aladdin for this purpose
그는 이 목적을 위해 어리석은 알라딘을 골랐다
he had intended to get the lamp and kill him afterwards
그는 등불을 가져다가 나중에 그를 죽일 생각이었다

For two days Aladdin remained in the dark
알라딘은 이틀 동안 어둠 속에 있었다
he cried and lamented his situation
그는 울면서 자신의 처지를 한탄했다
At last he clasped his hands in prayer
마침내 그는 두 손을 모으고 기도했다
and in so doing he rubbed the ring
그러면서 그는 반지를 문질렀다
the magician had forgotten to take the ring back from him
마술사는 반지를 빼는 것을 잊었다
Immediately an enormous and frightful genie rose out of the

earth
즉시 거대하고 무서운 지니가 땅에서 솟아올랐습니다
"What would thou have me do?"
"내가 무엇을 하기를 원하시나이까?"
"I am the Slave of the Ring"
"나는 반지의 노예다"
"and I will obey thee in all things"
"그리하면 내가 범사에 주께 순종하리이다"
Aladdin fearlessly replied: "Deliver me from this place!"
알라딘은 두려움 없이 "나를 이곳에서 구해 주세요!" 하고 대답했다.
and the earth opened above him
그리고 땅이 그의 머리 위로 열렸다
and he found himself outside
그리고 그는 밖으로 나왔다
As soon as his eyes could bear the light he went home
그의 눈이 빛을 견디자마자 그는 집으로 돌아갔다
but he fainted when he got there
그러나 그는 그곳에 도착했을 때 기절했다
When he came to himself he told his mother what had happened
정신을 차렸을 때, 그는 어머니에게 무슨 일이 있었는지 이야기했다
and he showed her the lamp
그리고 그는 그녀에게 등불을 보여 주었다
and he shower her the the fruits he had gathered in the garden
그리고 그는 정원에서 모은 과일을 그녀에게 쏟아 부었다
the fruits were, in reality, precious stones
그 열매는 사실 보석이었습니다
He then asked for some food
그런 다음 그는 음식을 좀 달라고 했습니다
"Alas! child" she said
"아아! 아이"라고 말했다
"I have nothing in the house"
"집에 아무것도 없어요"
"but I have spun a little cotton"

"그러나 나는 약간의 솜을 짰다"
"and I will go and sell the cotton"
"내가 가서 목화를 팔겠다"
Aladdin bade her keep her cotton
알라딘은 그녀에게 목화를 지키라고 명령했다
he told her he would sell the lamp instead of the cotton
그는 그녀에게 솜 대신 램프를 팔겠다고 말했습니다
As it was very dirty she began to rub the lamp
램프가 매우 더러웠기 때문에 그녀는 램프를 문지르기 시작했습니다
a clean lamp might fetch a higher price
깨끗한 램프는 더 높은 가격을 가져올 수 있습니다
Instantly a hideous genie appeared
그 순간 흉측한 지니가 나타났다
he asked what she would like to have
그는 그녀에게 무엇을 갖고 싶은지 물었다
at the sight of the genie she fainted
지니를 보자 그녀는 기절했다
but Aladdin, snatching the lamp, said boldly:
그러나 알라딘은 램프를 낚아채며 대담하게 말했다.
"Fetch me something to eat!"
"먹을 것 좀 가져와!"
The genie returned with a silver bowl
지니는 은그릇을 가지고 돌아왔다
he had twelve silver plates containing rich meats
그는 기름진 고기가 담긴 열두 개의 은접시를 가지고 있었다
and he had two silver cups and two bottles of wine
그는 은 잔 두 개와 포도주 두 병을 가지고 있었다
Aladdin's mother, when she came to herself, said:
알라딘의 어머니는 정신을 차리고 이렇게 말했다.
"Whence comes this splendid feast?"
"이 화려한 잔치는 어디서 오는가?"
"Ask not where it came from, but eat, mother" replied Aladdin
"어디서 왔는지 묻지 말고 드세요, 어머니." 알라딘이 대답했다
So they sat at breakfast till it was dinner-time
그래서 그들은 저녁 식사 시간이 될 때까지 아침 식사를 하고

앉아 있었다

and Aladdin told his mother about the lamp
알라딘은 어머니에게 램프에 대해 이야기했습니다

She begged him to sell it
그녀는 그에게 그것을 팔아 달라고 간청했다

"let us have nothing to do with devils"
"마귀와 아무 관계도 맺지 맙시다"

but Aladdin had thought it would be wiser to use the lamp
그러나 알라딘은 램프를 사용하는 것이 더 현명할 것이라고 생각했습니다

"chance hath made us aware of its virtues"
"우연이 우리로 하여금 그 미덕을 깨닫게 하였느니라"

"we will use it, and the ring likewise"
「반지도 같이 사용하겠습니다」

"I shall always wear it on my finger"
"나는 항상 그것을 내 손가락에 착용 할 것이다"

When they had eaten all the genie had brought, Aladdin sold one of the silver plates
그들이 지니가 가져온 것을 모두 먹었을 때, 알라딘은 은접시 중 하나를 팔았다

and when he needed money again he sold the next plate
그리고 다시 돈이 필요해지면 다음 접시를 팔았다

he did this until no plates were left
그는 판이 하나도 남지 않을 때까지 그렇게 했다

He then he made another wish to the genie
그런 다음 그는 지니에게 또 다른 소원을 빌었습니다

and the genie gave him another set of plates
그리고 지니는 그에게 또 다른 접시 세트를 주었다

and thus they lived for many years
그리하여 그들은 여러 해 동안 살았다

One day Aladdin heard an order from the Sultan
어느 날 알라딘은 술탄의 명령을 들었다

everyone was to stay at home and close their shutters
모두들 집에 머물면서 셔터를 닫아야 했다

the Princess was going to and from her bath
공주는 목욕을 하러 가고 있었다

Aladdin was seized by a desire to see her face
알라딘은 그녀의 얼굴을 보고 싶은 욕망에 사로잡혔다
although it was very difficult to see her face
그녀의 얼굴을 보는 것은 매우 어려웠지만
because everywhere she went she wore a veil
어디를 가든 베일을 썼기 때문이다
He hid himself behind the door of the bath
그는 목욕탕 문 뒤에 몸을 숨겼다
and he peeped through a chink in the door
그리고 그는 문틈으로 엿보았다
The Princess lifted her veil as she went in to the bath
공주는 베일을 벗고 목욕탕으로 들어갔다
and she looked so beautiful that Aladdin fell in love with her at first sight
그녀는 너무 아름다워서 알라딘이 첫눈에 사랑에 빠졌습니다
He went home so changed that his mother was frightened
그는 너무나 변해서 집으로 돌아갔고, 그의 어머니는 겁에 질렸다
He told her he loved the Princess so deeply that he could not live without her
그는 공주를 너무나 깊이 사랑해서 그녀 없이는 살 수 없다고 말했다
and he wanted to ask her in marriage of her father
그리고 그는 그녀에게 그녀의 아버지와 결혼하기를 원했습니다
His mother, on hearing this, burst out laughing
그의 어머니는 이 말을 듣고 웃음을 터뜨렸다
but Aladdin at last prevailed upon her to go before the Sultan
그러나 알라딘은 마침내 그녀를 설득하여 술탄 앞으로 가라고 했다
and she was going to carry his request
그리고 그녀는 그의 부탁을 들어줄 작정이었다
She fetched a napkin and laid in it the magic fruits
그녀는 냅킨을 가져와 마법의 과일을 그 안에 놓았다
the magic fruits from the enchanted garden
마법의 정원에서 수확한 마법의 열매
the fruits sparkled and shone like the most beautiful jewels
열매는 가장 아름다운 보석처럼 반짝이고 빛났습니다
She took the magic fruits with her to please the Sultan

그녀는 술탄을 기쁘게 하기 위해 마법의 열매를 가져갔습니다
and she set out, trusting in the lamp
그리고 등불을 의지하고 길을 나섰다
The Grand Vizier and the lords of council had just gone into the palace
고관과 의회의 영주들은 방금 궁전으로 들어갔다
and she placed herself in front of the Sultan
그리고 그녀는 술탄 앞에 섰다
He, however, took no notice of her
그러나 그는 그녀를 눈치채지 못했다
She went every day for a week
그녀는 일주일 동안 매일 갔다
and she stood in the same place
그리고 그녀는 같은 장소에 서 있었다
When the council broke up on the sixth day the Sultan said to his Vizier:
여섯째 날에 회의가 해산되었을 때, 술탄은 고관에게 말했다.
"I see a certain woman in the audience-chamber every day"
"나는 매일 접견실에서 어떤 여자를 본다"
"she is always carrying something in a napkin"
"그녀는 항상 냅킨에 뭔가를 가지고 다닙니다"
"Call her to come to us, next time"
"다음에 우리한테 오라고 전화해"
"so that I may find out what she wants"
"그 여자가 원하는 것이 무엇인지 알아낼 수 있도록"
Next day the Vizier gave her a sign
이튿날 고관은 그녀에게 징조를 보였다
she went up to the foot of the throne
그녀는 왕좌의 발치로 올라갔다
and she remained kneeling till the Sultan spoke to her
그녀는 술탄이 그녀에게 말할 때까지 무릎을 꿇고 있었다
"Rise, good woman, tell me what you want"
"일어나라, 착한 여인이여, 당신이 원하는 것을 말해 보아라"
She hesitated, so the Sultan sent away all but the Vizier
그녀가 머뭇거리자 술탄은 고관을 제외한 모든 사람을 돌려보냈다
and he bade her to speak frankly

그리고 그는 그녀에게 솔직하게 말하라고 명했다
and he promised to forgive her for anything she might say
그리고 그는 그녀가 무슨 말을 하든 용서해 주겠다고 약속했다
She then told him of her son's violent love for the Princess
그런 다음 그녀는 공주에 대한 아들의 격렬한 사랑에 대해
이야기했습니다
"I prayed him to forget her" she said
"나는 그에게 그녀를 잊게 해달라고 기도했어요." 그녀가 말했다
"but the prayers were in vain"
"그러나 그 기도는 헛되도다"
"he threatened to do some desperate deed if I refused to go"
"그는 내가 가기를 거부하면 절망적인 행동을 하겠다고
위협했다"
"and so I ask your Majesty for the hand of the Princess"
"그래서 폐하께 공주의 손을 청합니다."
"but now I pray you to forgive me"
"하지만 이제는 용서해 주시기를 기도합니다"
"and I pray that you forgive my son Aladdin"
"내 아들 알라딘을 용서해 주시기를 기도합니다"
The Sultan asked her kindly what she had in the napkin
술탄은 그녀에게 냅킨에 무엇이 들어 있는지 친절하게 물었다
so she unfolded the napkin
그래서 그녀는 냅킨을 펼쳤다
and she presented the jewels to the Sultan
그리고 그녀는 보석을 술탄에게 바쳤다
He was thunderstruck by the beauty of the jewels
그는 보석의 아름다움에 깜짝 놀랐습니다
and he turned to the Vizier and asked "What sayest thou?"
그는 고관을 향하여 "그대는 무엇을 말하느냐?" 하고 물었다.
"Ought I not to bestow the Princess on one who values her at such a price?"
"공주를 그렇게 비싸게 여기는 사람에게 공주를 주어야 하지
않겠는가?"
The Vizier wanted her for his own son
고관은 그녀를 자신의 아들로 삼고 싶어 했다
so he begged the Sultan to withhold her for three months
그래서 그는 술탄에게 그녀를 3개월 동안 보류해 달라고

간청했다

perhaps within the time his son would contrive to make a richer present
어쩌면 그의 아들이 더 풍성한 선물을 만들기 위해 궁리를 할 수 있을지도 모른다

The Sultan granted the wish of his Vizier
술탄은 고관의 소원을 들어주었다

and he told Aladdin's mother that he consented to the marriage
그리고 그는 알라딘의 어머니에게 결혼에 동의했다고 말했다

but she must not appear before him again for three months
그러나 그 여자는 석 달 동안 다시 그분 앞에 나타나서는 안 된다

Aladdin waited patiently for nearly three months
알라딘은 거의 3개월 동안 참을성 있게 기다렸다

after two months had elapsed his mother went to go to the market
두 달이 지나자 그의 어머니는 시장에 갔다

she was going into the city to buy oil
그녀는 석유를 사러 도시로 가고 있었다

when she got to the market found every one rejoicing
그녀가 시장에 도착했을 때, 모든 사람들이 기뻐하고 있었다

so she asked what was going on
그래서 그 여자는 무슨 일이냐고 물었습니다

"Do you not know?" was the answer
"모르십니까?" 하고 대답하였다

"the son of the Grand Vizier is to marry the Sultan's daughter tonight"
"대관의 아들이 오늘 밤 술탄의 딸과 결혼한다"

Breathless, she ran and told Aladdin
숨을 몰아쉬며 달려가 알라딘에게 말했다

at first Aladdin was overwhelmed
처음에 알라딘은 압도당했다

but then he thought of the lamp and rubbed it
그러나 그는 램프를 생각하고 문질렀습니다

once again the the genie appeared out of the lamp
다시 한 번 지니가 램프 밖으로 나타났다

"What is thy will?" asked the genie
"네 뜻이 무엇이냐?" 지니가 물었다
"The Sultan, as thou knowest, has broken his promise to me"
"그대가 알다시피, 술탄은 나와의 약속을 어겼다"
"the Vizier's son is to have the Princess"
"고관의 아들은 공주를 낳을 것이다"
"My command is that tonight you bring the bride and bridegroom"
"내 명령은 오늘 밤 네가 신랑 신부를 데리고 오라는 것이다"
"Master, I obey" said the genie
"스승님, 저는 순종합니다." 지니가 말했다
Aladdin then went to his chamber
알라딘은 자신의 방으로 갔다
sure enough, at midnight the genie transported a bed
아니나 다를까, 한밤중에 지니는 침대를 옮겼다
and the bed contained the Vizier's son and the Princess
침대에는 고관의 아들과 공주가 있었다
"Take this new-married man, genie" he said
"이 신혼 남자를 데려가라, 지니." 그가 말했다
"put him outside in the cold for the night"
"그를 밤에 추위에 떨게 내버려 두어라"
"then return them again at daybreak"
"그런 다음 새벽에 다시 돌려주십시오"
So the genie took the Vizier's son out of bed
그래서 지니는 고관의 아들을 침대에서 데리고 나왔다
and he left Aladdin with the Princess
그리고 그는 공주와 함께 알라딘을 떠났습니다
"Fear nothing," Aladdin said to her, "you are my wife"
"두려워하지 마," 알라딘이 그녀에게 말했다, "당신은 내 아내입니다"
"you were promised to me by your unjust father"
"너는 네 불의한 아버지로부터 내게 약속된 것이다"
"and no harm shall come to you"
"그리하면 너희에게 아무런 해가 오지 아니하리라"
The Princess was too frightened to speak
공주는 너무 무서워서 말을 할 수가 없었어요
and she passed the most miserable night of her life

그리고 그녀는 인생에서 가장 비참한 밤을 보냈다
although Aladdin lay down beside her and slept soundly
알라딘은 그녀 옆에 누워 푹 잤지만
At the appointed hour the genie fetched in the shivering bridegroom
약속된 시간이 되자, 지니는 떨고 있는 신랑을 데리고 들어왔다
he laid him in his place
그는 그를 자기 자리에 눕혔다
and he transported the bed back to the palace
그리고 그는 그 침대를 궁전으로 옮겼다
Presently the Sultan came to wish his daughter good-morning
이윽고 술탄은 딸에게 아침 인사를 하러 왔다
The unhappy Vizier's son jumped up and hid himself
불행한 고관의 아들은 벌떡 일어나 몸을 숨겼다
and the Princess would not say a word
공주는 아무 말도 하지 않았다
and she was very sorrowful
그 여자는 몹시 슬펐다
The Sultan sent her mother to her
술탄은 그녀의 어머니를 그녀에게 보냈다
"Why will you not speak to your father, child?"
"얘야, 너는 어찌하여 네 아버지에게 말하지 않느냐?"
"What has happened?" she asked
"무슨 일이 있었던 거죠?" 그녀가 물었다
The Princess sighed deeply
공주는 깊은 한숨을 내쉬었다
and at last she told her mother what had happened
마침내 그녀는 어머니에게 무슨 일이 있었는지 이야기했다
she told her how the bed had been carried into some strange house
그녀는 침대가 어떻게 낯선 집으로 옮겨졌는지 말해 주었다
and she told of what had happened in the house
그리고 그 여자는 그 집에서 있었던 일을 이야기하였다
Her mother did not believe her in the least
그녀의 어머니는 그녀의 말을 조금도 믿지 않았다
and she bade her to consider it an idle dream
그리고 그녀는 그것을 헛된 꿈으로 여기라고 그녀에게 명했다

The following night exactly the same thing happened
이튿날 밤에도 똑같은 일이 일어났다
and the next morning the princess wouldn't speak either
그리고 다음날 아침에도 공주는 입을 열지 않았다
on the Princess's refusal to speak, the Sultan threatened to cut off her head
공주가 말을 거부하자 술탄은 공주의 머리를 자르겠다고 위협했다
She then confessed all that had happened
그런 다음 그녀는 일어난 모든 일을 고백했습니다
and she bid him to ask the Vizier's son
그리고 그녀는 그에게 고관의 아들에게 물어보라고 명했다
The Sultan told the Vizier to ask his son
술탄은 고관에게 아들에게 물어보라고 말했다
and the Vizier's son told the truth
고관의 아들은 진실을 말했다
he added that he dearly loved the Princess
그는 공주를 몹시 사랑한다고 덧붙였다
"but I would rather die than go through another such fearful night"
"하지만 그런 두려운 밤을 또 겪느니 차라리 죽겠다"
and he wished to be separated from her, which was granted
그는 그녀와 헤어지기를 원했고, 그것은 허락되었다
and there was an end to feasting and rejoicing
잔치와 즐거움이 그쳤다

then the three months were over
그리고 3개월이 지났다
Aladdin sent his mother to remind the Sultan of his promise
알라딘은 술탄에게 약속을 상기시키기 위해 어머니를 보냈다
She stood in the same place as before
그녀는 아까와 같은 자리에 서 있었다
the Sultan had forgotten Aladdin
술탄은 알라딘을 잊었다
but at once he remembered him again
그러나 즉시 그는 그를 다시 기억했다
and he asked for her to come to him

그리고 그는 그 여자에게 자기에게 오라고 청하였다

On seeing her poverty the Sultan felt less inclined than ever to keep his word

그녀의 가난을 본 술탄은 그 어느 때보다도 약속을 지키고 싶지 않다고 느꼈다

and he asked his Vizier's advice

그리고 그는 고관에게 조언을 구했다

he counselled him to set a high value on the Princess

그는 그에게 공주에게 높은 가치를 두라고 조언했다

a price so high that no man living could come up to it

너무나 비싼 값이어서 살아 있는 사람은 아무도 감당할 수 없는 값이었다

The Sultan then turned to Aladdin's mother, saying:

그러자 술탄은 알라딘의 어머니를 돌아보며 이렇게 말했다.

"Good woman, a Sultan must remember his promises"

"착한 여인이여, 술탄은 약속을 기억해야 한다"

"and I will remember my promise"

"내가 내 약속을 기억하리라"

"but your son must first send me forty basins of gold"

"그러나 당신의 아들은 먼저 금 사십 대야를 내게 보내야 합니다"

"and the gold basins must be brimful of jewels"

"금 대야에는 보석이 가득할 것이다"

"and they must be carried by forty black camels"

"검은 낙타 사십 마리가 그들을 태워야 한다"

"and in front of each black camel there is to be a white one"

"각 검은 낙타 앞에는 흰 낙타가 있어야 한다"

"and they are all to be splendidly dressed"

"그들은 모두 화려한 옷을 입어야 한다"

"Tell him that I await his answer"

"내가 그의 대답을 기다리고 있다고 그에게 말하여라"

The mother of Aladdin bowed low

알라딘의 어머니는 허리를 굽혔다

and then she went home

그리고 그녀는 집으로 돌아갔다

although she thought all was lost

그녀는 모든 것을 잃었다고 생각했지만

She gave Aladdin the message

그녀는 알라딘에게 메시지를 전했다

and she added, "He may wait long enough for your answer!"
"그는 당신의 대답을 충분히 오래 기다릴 것입니다!"

"Not so long as you think, mother" her son replied
"어머니, 생각하시는 것만큼은 아니에요." 아들이 대답했다

"I would do a great deal more than that for the Princess"
"나는 공주를 위해 그보다 훨씬 더 많은 것을 할 것입니다"

and he summoned the genie again
그리고 그는 다시 지니를 소환했다

and in a few moments the eighty camels arrived
잠시 후 80마리의 낙타가 도착했다

and they took up all space in the small house and garden
그들은 작은 집과 정원의 모든 공간을 차지했다

Aladdin made them set out to the palace
알라딘은 그들을 궁전으로 향하게 했다

and they were followed by his mother
그리고 그의 어머니가 그들을 뒤따랐다

They were very richly dressed
그들은 매우 호화로운 옷을 입고 있었다

and splendid jewels were on their girdles
그들의 허리띠에는 화려한 보석들이 있었다

and everyone crowded around to see them
그리고 모든 사람들이 그들을 보기 위해 몰려들었다

and the basins of gold they carried on their backs
그들은 금 대야를 등에 지고 다녔다

They entered the palace of the Sultan
그들은 술탄의 궁전으로 들어갔다

and they kneeled before him in a semi circle
그들은 그분 앞에 반원을 그리며 무릎을 꿇었다

and Aladdin's mother presented them to the Sultan
알라딘의 어머니는 그것들을 술탄에게 바쳤다

He hesitated no longer, but said:
그는 더 이상 망설이지 않고 말했다.

"Good woman, return to your son"
"착한 여인이여, 당신의 아들에게 돌아가십시오"

"tell him that I wait for him with open arms"
"내가 두 팔 벌려 그를 기다린다고 그에게 말하라"

She lost no time in telling Aladdin
그녀는 지체하지 않고 알라딘에게 말했다
and she bid him make haste
그러자 그 여자는 그에게 서두르라고 명하였다
But Aladdin first called for the genie
하지만 알라딘은 먼저 지니를 불렀다
"I want a scented bath" he said
"향긋한 목욕을 하고 싶어요." 그가 말했다
"and I want a horse more beautiful than the Sultan's"
"그리고 나는 술탄의 말보다 더 아름다운 말을 원한다"
"and I want twenty servants to attend me"
"이십 명의 종을 섬기게 하옵소서"
"and I also want six beautifully dressed servants to wait on my mother
"그리고 아름답게 차려입은 여섯 명의 하인이 내 어머니를 시중들기를 원합니다
"and lastly, I want ten thousand pieces of gold in ten purses"
"그리고 마지막으로, 열 개의 지갑에 1만 개의 금이 들어 있기를 원합니다."
No sooner had he said what he wanted and it was done
그가 원하는 것을 말하자마자 그것은 이루어졌다
Aladdin mounted his beautiful horse
알라딘은 아름다운 말에 올라탔습니다
and he passed through the streets
그리고 그는 거리를 지나갔다
the servants cast gold into the crowd as they went
종들은 가는 동안 무리에게 금을 던졌습니다
Those who had played with him in his childhood knew him not
어린 시절 그와 함께 놀았던 사람들은 그를 알지 못했다
he had grown very handsome
그는 아주 잘 생겼다
When the Sultan saw him he came down from his throne
술탄이 그를 보자 왕좌에서 내려왔다
he embraced his new son in law with open arms
그는 새로 태어난 사위를 두 팔 벌려 껴안았다
and he led him into a hall where a feast was spread

그리고 잔치가 벌어지고 있는 방으로 그를 데리고 들어갔다
he intended to marry him to the Princess that very day
그는 바로 그날 그를 공주와 결혼시키려고 했다
But Aladdin refused to marry straight away
그러나 알라딘은 곧바로 결혼을 거부했다
"first I must build a palace fit for the princess"
"먼저 공주에게 어울리는 궁전을 지어야 한다"
and then he took his leave
그리고 그는 떠났다
Once home, he said to the genie:
집에 돌아온 그는 지니에게 이렇게 말했다.
"Build me a palace of the finest marble"
"가장 좋은 대리석으로 궁전을 지어 주십시오"
"set the palace with jasper, agate, and other precious stones"
"벽옥과 마노와 다른 보석들로 궁전을 세우라"
"In the middle you shall build me a large hall with a dome"
"중간에 돔이 있는 큰 홀을 지을지니라"
"its four walls will be of masses of gold and silver"
"그 네 벽은 금과 은으로 되어 있을 것이다"
"and each wall will have six windows"
"각 벽에는 여섯 개의 창문이 있을 것이다"
"and the lattices of the windows will be set with precious jewels"
"창문의 격자에는 귀한 보석이 박혀 있을 것이다"
"but there must be one window that is not decorated"
"하지만 장식되지 않은 창문이 하나 있어야합니다."
"go see that it gets done!"
"가서 그 일이 끝나는 것을 보아라!"
The palace was finished by the next day
궁전은 다음날 완성되었습니다
the genie carried him to the new palace
지니는 그를 새 궁전으로 데려갔다
and he showed him how all his orders had been faithfully carried out
그리고 그는 그의 모든 명령이 어떻게 충실하게 수행되었는지를 그에게 보여주었다
even a velvet carpet had been laid from Aladdin's palace to

the Sultan's
심지어 알라딘의 궁전에서 술탄의 궁전까지 벨벳 카펫이 깔려 있었다
Aladdin's mother then dressed herself carefully
알라딘의 어머니는 조심스럽게 옷을 입었다
and she walked to the palace with her servants
그리고 그녀는 하인들과 함께 궁전으로 걸어갔다
and Aladdin followed her on horseback
알라딘은 말을 타고 그녀를 따라갔다
The Sultan sent musicians with trumpets and cymbals to meet them
술탄은 트럼펫과 심벌즈를 가진 음악가들을 보내 그들을 만나게 했다
so the air resounded with music and cheers
그래서 공기는 음악과 환호로 울려 퍼졌다
She was taken to the Princess, who saluted her
그녀는 공주에게 끌려갔고, 공주는 그녀에게 경례를 했다
and she treated her with great honour
그리고 그녀는 그녀를 매우 공경하게 대했다
At night the Princess said good-by to her father
밤이 되자 공주는 아버지에게 작별 인사를 했다
and she set out on the carpet for Aladdin's palace
그리고 그녀는 알라딘의 궁전을 향해 카펫을 밟았다
his mother was at her side
그의 어머니는 그녀의 곁에 있었다
and they were followed by their entourage of servants
그리고 그들의 측근 종들이 그들을 뒤따랐다
She was charmed at the sight of Aladdin
그녀는 알라딘을 보고 매료되었습니다
and Aladdin ran to receive her into the palace
알라딘은 그녀를 궁전으로 맞아들이기 위해 달려갔다
"Princess," he said "blame your beauty for my boldness
"공주님, 제 대담함을 당신의 아름다움 탓으로 돌리세요
"I hope I have not displeased you"
"내가 당신을 불쾌하게 하지 않았기를 바랍니다"
she said she willingly obeyed her father in this matter
그 여자는 이 문제에 있어서 기꺼이 아버지에게 순종하였다고

말하였다
because she had seen that he is handsome
그녀가 그가 잘생긴 것을 보았기 때문입니다
After the wedding had taken place Aladdin led her into the hall
결혼식이 끝난 후, 알라딘은 그녀를 홀로 안내했다
here a feast was spread out in the hall
이곳 강당에서 잔치가 벌어졌다
and she supped with him
그리고 그 여자는 그와 함께 술을 마셨다
after eating they danced till midnight
식사 후 그들은 자정까지 춤을 췄다

The next day Aladdin invited the Sultan to see the palace
다음날 알라딘은 술탄을 궁전으로 초대했습니다
they entered the hall with the four-and-twenty windows
그들은 4시 20개의 창문이 있는 복도로 들어갔다
the windows were decorated with rubies, diamonds, and emeralds
창문은 루비, 다이아몬드, 에메랄드로 장식되어 있습니다
he cried "It is a world's wonder!"
그는 "그것은 세계의 경이로움이다!" 하고 외쳤다.
"There is only one thing that surprises me"
"나를 놀라게 하는 것은 단 하나"
"Was it by accident that one window was left unfinished?"
"창문 하나가 미완성으로 남겨진 건 우연이었나요?"
"No, sir, it was done so by design" replied Aladdin
"아뇨, 선생님, 의도적으로 그렇게 된 것입니다." 알라딘이 대답했다
"I wished your Majesty to have the glory of finishing this palace"
"폐하께서 이 궁전을 완성하는 영광을 누리시길 기원했습니다."
The Sultan was pleased to be given this honour
술탄은 이 영예를 받게 되어 기뻤습니다
and he sent for the best jewellers in the city
그는 그 도시에서 가장 훌륭한 보석상들을 불러 모았다
He showed them the unfinished window

그는 그들에게 미완성 창문을 보여주었다
and he bade them to decorate it like the others
그리고 그는 그들에게 다른 사람들처럼 그것을 장식하라고 명했다
"Sir" replied their spokesman
"각하"라고 그들의 대변인이 대답했다
"we cannot find enough jewels"
"우리는 충분한 보석을 찾을 수 없습니다"
so the Sultan had his own jewels fetched
그래서 술탄은 자신의 보석을 가져 왔습니다
but those jewels were soon soon used up too
그러나 그 보석들도 곧 다 써 버렸다
even after a month's time the work was not half done
한 달이 지났는데도 일은 절반도 끝나지 않았다
Aladdin knew that their task was impossible
알라딘은 그들의 임무가 불가능하다는 것을 알고 있었다
he bade them to undo their work
그는 그들에게 그들의 일을 취소하라고 명하였다
and he bade them carry the jewels back
그리고 그는 그들에게 보석들을 가지고 가라고 명하였다
the genie finished the window at his command
지니는 그의 명령에 따라 창문을 완성했다
The Sultan was surprised to receive his jewels again
술탄은 보석을 다시 받고 깜짝 놀랐습니다
he visited Aladdin, who showed him the window finished
그는 알라딘을 찾아갔고, 알라딘은 그에게 완성된 창문을 보여주었다
and the Sultan embraced his son in law
술탄은 그의 사위를 껴안았다
meanwhile, the envious Vizier suspected the work of enchantment
한편 질투심에 사로잡힌 고관은 마법의 작용을 의심했다
Aladdin had won the hearts of the people by his gentle bearing
알라딘은 온화한 태도로 사람들의 마음을 사로잡았다
He was made captain of the Sultan's armies
그는 술탄 군대의 대장이 되었다

and he won several battles for his army
그는 그의 군대를 위해 여러 전투에서 승리했다
but he remained as modest and courteous as before
그러나 그는 전과 마찬가지로 겸손하고 예의 바른 태도를 유지하였다
in this way he lived in peace and content for several years
이런 식으로 그는 여러 해 동안 평화롭고 만족스럽게 살았다
But far away in Africa the magician remembered Aladdin
그러나 머나먼 아프리카에서 마술사는 알라딘을 기억했다
and by his magic arts he discovered Aladdin hadn't perished in the cave
그리고 그는 마법으로 알라딘이 동굴에서 죽지 않았다는 것을 알아냈다
but instead of perishing he had escaped and married the princess
그러나 그는 죽는 대신 도망쳐 공주와 결혼했다
and now he was living in great honour and wealth
이제 그는 큰 명예와 부를 누리며 살고 있었다
He knew that the poor tailor's son could only have accomplished this by means of the lamp
그는 가난한 재단사의 아들이 등불을 통해서만 이 일을 해낼 수 있다는 것을 알았다
and he travelled night and day until he reached the city
그는 밤낮으로 여행하여 도시에 이르렀다
he was bent on making sure of Aladdin's ruin
그는 알라딘의 파멸을 확실히 하는 데 열중하고 있었다
As he passed through the town he heard people talking
마을을 지날 때 사람들이 이야기하는 소리가 들렸다
all they could talk about was a marvellous palace
그들이 할 수 있는 이야기는 경이로운 궁전에 관한 것뿐이었다
"Forgive my ignorance," he asked
"저의 무지를 용서해 주십시오
"what is this palace you speak of?"
"네가 말하는 이 궁전은 무엇이냐?"
"Have you not heard of Prince Aladdin's palace?" was the reply
"알라딘 왕자의 궁전에 대해 들어본 적이 없습니까?" 하고

대답하였다

"it is the greatest wonder of the world"
"그것은 세상에서 가장 큰 불가사의입니다"

"I will direct you to the palace, if you would like to see it"
"보고 싶으시면 궁전으로 안내해 드리겠습니다."

The magician thanked him for bringing him to the palace
마술사는 그를 궁전으로 데려다 준 것에 대해 감사를 표했습니다

and having seen the palace, he knew that it had been raised by the Genie of the Lamp
그리고 그 궁전을 보았을 때, 그는 그것이 등불의 요정에 의해 세워졌다는 것을 알았다

this made him half mad with rage
이 일로 그는 분노로 반쯤 미쳐버렸다

He determined to get hold of the lamp
그는 등불을 잡기로 결심했다

and he would again plunge Aladdin into the deepest poverty
그리고 그는 알라딘을 다시 가장 깊은 빈곤으로 몰아넣을 것이다

Unluckily, Aladdin had gone a-hunting for eight days
불행히도 알라딘은 8일 동안 사냥을 다녔습니다

this gave the magician plenty of time
이것은 마술사에게 충분한 시간을 주었다

He bought a dozen copper lamps
그는 구리 램프 12개를 샀다

and he put them into a basket
그리고 그것들을 광주리에 넣었다

and he went to the palace
그리고 그는 궁전으로 갔다

"New lamps for old!" he exclaimed
"낡은 램프를 위한 새 램프!" 그가 외쳤다

and he was followed by a jeering crowd
조롱하는 무리가 그를 뒤따랐다

The Princess was sitting in the hall of four-and-twenty windows
공주는 4시 20분 창문이 있는 복도에 앉아 있었다

she sent a servant to find out what the noise was about
그녀는 하인을 보내어 그 소리가 무엇 때문인지 알아 보았습니다

the servant came back laughing so much that the Princess

scolded her
하인이 너무 웃어서 돌아왔기 때문에 공주는 그녀를 꾸짖었습니다

"Madam," replied the servant
"부인." 하인이 대답했다

"who can help but laughing when you see such a thing?"
"그런 걸 보면 웃지 않을 수 없는 사람이 어디 있겠어?"

"an old fool is offering to exchange fine new lamps for old ones"
"어리석은 늙은이가 좋은 새 등불을 낡은 등잔으로 바꾸겠다고 제의하고 있다"

Another servant, hearing this, spoke up
이 말을 들은 다른 종이 입을 열었다

"There is an old lamp on the cornice there which he can have"
"처마 장식에 그가 가질 수있는 오래된 램프가 있습니다."

this, of course, was the magic lamp
물론 이것은 마법의 등불이었다

Aladdin had left it there, as he could not take it out hunting with him
알라딘은 그것을 가지고 사냥하러 나갈 수 없었기 때문에 그것을 거기에 두었습니다

The Princess didn't know know the lamp's value
공주는 램프의 가치를 몰랐습니다

laughingly she bade the servant to exchange it
그녀는 웃으면서 하인에게 그것을 바꾸라고 명했다

the servant took the lamp to the magician
하인은 등불을 마술사에게 가져갔다

"Give me a new lamp for this" she said
"이걸 위해 새 램프를 주세요." 그녀가 말했다

He snatched it and bade the servant to take her choice
그는 그것을 낚아채고 하인에게 그녀의 선택을 하라고 명령했다

and all the crowd jeered at the sight
그러자 모든 무리가 그 광경을 보고 야유하였다

but the magician cared little for the crowd
그러나 마술사는 군중을 거의 신경 쓰지 않았다

he left the crowd with the lamp he had set out to get
그는 자신이 가지려고 했던 등불을 가지고 군중을 떠났다

and he went out of the city gates to a lonely place
그는 성문에서 나와 외딴 곳으로 갔다
there he remained till nightfall
그는 해질녘까지 그곳에 머물렀다
and it nightfall he pulled out the lamp and rubbed it
밤이 되자 그는 등불을 꺼내 문질렀다
The genie appeared to the magician
지니가 마술사에게 나타났다
and the magician made his command to the genie
마술사는 지니에게 명령을 내렸다
"carry me, the princess, and the palace to a lonely place in Africa"
"나와 공주와 궁전을 아프리카의 외딴 곳으로 데려가라"

Next morning the Sultan looked out of the window toward Aladdin's palace
다음날 아침, 술탄은 창밖을 내다보며 알라딘의 궁전을 바라보았다
and he rubbed his eyes when he saw the palace was gone
그는 궁전이 사라진 것을 보고 눈을 비볐다
He sent for the Vizier and asked what had become of the palace
그는 고관을 불러 궁전이 어떻게 되었는지 물었다
The Vizier looked out too, and was lost in astonishment
고관도 밖을 내다보다가 깜짝 놀라 정신을 잃었다
He again put it down to enchantment
그는 다시 마법에 걸렸다
and this time the Sultan believed him
이번에는 술탄이 그의 말을 믿었다
he sent thirty men on horseback to fetch Aladdin in chains
그는 30명의 남자를 말에 태워 사슬에 묶인 알라딘을 데려오게 했다
They met him riding home
그들은 집으로 가는 말을 타고 가는 그를 만났다
they bound him and forced him to go with them on foot
그들은 그분을 결박하고 강제로 걸어서 함께 가게 했습니다
The people, however, who loved him, followed them to the

palace
그러나 그를 사랑한 백성들은 그들을 따라 궁전으로 갔다
they would make sure that he came to no harm
그들은 그가 해를 입지 않도록 할 것입니다
He was carried before the Sultan
그는 술탄 앞으로 끌려갔다
and the Sultan ordered the executioner to cut off his head
술탄은 사형 집행인에게 그의 머리를 자르라고 명령했다
The executioner made Aladdin kneel down before a block of wood
사형 집행인은 알라딘을 나무토막 앞에 무릎을 꿇게 했다
he bandaged his eyes so that he could not see
그는 앞을 볼 수 없도록 눈에 붕대를 감았다
and he raised his scimitar to strike
그리고 그는 시미터를 들어 공격했다
At that instant the Vizier saw the crowd had forced their way into the courtyard
그 순간 고관은 군중이 안뜰로 밀려 들어온 것을 보았다
they were scaling the walls to rescue Aladdin
그들은 알라딘을 구하기 위해 벽을 기어오르고 있었다
so he called to the executioner to halt
그래서 그는 사형 집행인에게 멈추라고 불렀다
The people, indeed, looked so threatening that the Sultan gave way
실로 백성들이 너무나 위협적으로 보였기 때문에 술탄은 굴복했다
and he ordered Aladdin to be unbound
그리고 그는 알라딘에게 결박을 풀어주라고 명령했다
he pardoned him in the sight of the crowd
그분은 군중이 보는 앞에서 그를 용서해 주셨습니다
Aladdin now begged to know what he had done
알라딘은 이제 자기가 무슨 짓을 했는지 알고 싶어 애원했다
"False wretch!" said the Sultan "come thither"
"거짓 가련한 놈!" 술탄이 말했다.
he showed him from the window the place where his palace had stood
그는 창문을 통해 자신의 궁전이 서 있던 곳을 보여주었다

Aladdin was so amazed that he could not say a word
알라딘은 너무 놀라서 아무 말도 할 수 없었습니다
"Where is my palace and my daughter?" demanded the Sultan
"내 궁전과 내 딸은 어디 있느냐?" 술탄이 물었다
"For the first I am not so deeply concerned"
"처음으로는, 나는 그렇게 깊이 염려하지 않는다"
"but my daughter I must have"
"그러나 내 딸은 내가 가져야 한다"
"and you must find her or lose your head"
"그리고 당신은 그녀를 찾아야 합니다, 아니면 당신의 머리를 잃을 것입니다"
Aladdin begged to be granted forty days in which to find her
알라딘은 그녀를 찾을 수 있는 40일의 시간을 달라고 간청했다
he promised that if he failed he would return
그는 실패하면 다시 오겠다고 약속했다
and on his return he would suffer death at the Sultan's pleasure
그리고 돌아오자마자 그는 술탄의 뜻에 따라 죽음을 당할 것이었다
His prayer was granted by the Sultan
그의 기도는 술탄에 의해 허락되었다
and he went forth sadly from the Sultan's presence
그는 슬픈 마음으로 술탄의 면전에서 떠났다
For three days he wandered about like a madman
그는 사흘 동안 미친 사람처럼 돌아다녔다
he asked everyone what had become of his palace
그는 모든 사람에게 그의 궁전이 어떻게 되었는지 물었다
but they only laughed and pitied him
그러나 그들은 그를 비웃고 불쌍히 여길 뿐이었다
He came to the banks of a river
그는 강둑에 이르렀습니다
he knelt down to say his prayers before throwing himself in
그는 무릎을 꿇고 기도를 드린 후 몸을 던졌다
In so doing he rubbed the magic ring he still wore
그러면서 그는 여전히 끼고 있는 마법 반지를 문질렀다
The genie he had seen in the cave appeared

동굴에서 보았던 지니가 나타났다
and he asked him what his will was
그리고 그는 그의 뜻이 무엇이냐고 물었다
"Save my life, genie" said Aladdin
"내 목숨을 구해줘, 지니." 알라딘이 말했다
"bring my palace back"
"내 궁전을 되찾아라"
"That is not in my power" said the genie
"그건 내 힘으로 할 수 있는 일이 아니야." 지니가 말했다
"I am only the Slave of the Ring"
"나는 반지의 노예일 뿐이다"
"you must ask him for the lamp"
"등불을 달라고 해야 한다"
"that might be true" said Aladdin
"그럴지도 몰라." 알라딘이 말했다
"but thou canst take me to the palace"
"그러나 그대는 나를 궁전으로 데리고 갈 수 있나이다"
"set me down under my dear wife's window"
"나를 내 사랑하는 아내의 창문 밑에 내려놓으소서"
He at once found himself in Africa
그는 즉시 아프리카에 도착했다
he was under the window of the Princess
그는 공주의 창문 아래에있었습니다
and he fell asleep out of sheer weariness
그는 몹시 피곤하여 잠이 들었다
He was awakened by the singing of the birds
그는 새들의 지저귐에 잠에서 깼다
and his heart was lighter than it was before
그의 마음은 전보다 가벼워졌다
He saw plainly that all his misfortunes were owing to the loss of the lamp
그는 자신의 모든 불행이 등불을 잃어버렸기 때문이라는 것을 분명히 알았다
and he vainly wondered who had robbed him of it
그리고 그는 헛되이 누가 그것을 훔쳐 갔는지 궁금해했다
That morning the Princess rose earlier than she normally
그날 아침 공주는 평소보다 일찍 일어났다

once a day she was forced to endure the magicians company
하루에 한 번씩 그녀는 마술사 무리를 견뎌야 했다
She, however, treated him very harshly
하지만 어머니는 아버지를 매우 가혹하게 대했습니다
so he dared not live with her in the palace
그래서 그는 감히 궁전에서 그녀와 함께 살 수 없었다
As she was dressing, one of her women looked out and saw Aladdin
그녀가 옷을 입고 있을 때, 그녀의 여성 중 한 명이 밖을 내다보니 알라딘이 보였다
The Princess ran and opened the window
공주는 달려가 창문을 열었어요
at the noise she made Aladdin looked up
그녀가 내는 소리에 알라딘은 고개를 들었다
She called to him to come to her
그녀는 그에게 오라고 불렀다
it was a great joy for the lovers to see each other again
연인들이 다시 만나게 되어 매우 기뻤습니다
After he had kissed her Aladdin said:
알라딘은 그녀에게 키스를 한 후 이렇게 말했다.
"I beg of you, Princess, in God's name"
"공주님, 신의 이름으로 간청합니다"
"before we speak of anything else"
"다른 것을 말하기 전에"
"for your own sake and mine"
"너와 나를 위하여"
"tell me what has become of the old lamp"
"낡은 등불이 어떻게 되었는지 말해 보시오"
"I left it on the cornice in the hall of four-and-twenty windows"
"나는 그것을 4와 20 개의 창문의 홀에있는 처마 장식에 남겨두었습니다."
"Alas!" she said, "I am the innocent cause of our sorrows"
"아아, 나는 우리 슬픔의 무고한 원인이다"
and she told him of the exchange of the lamp
그리고 그 여자는 등불을 바꾼 것에 대해 그에게 말하였다
"Now I know" cried Aladdin

"이젠 알겠어." 알라딘이 외쳤다
"we have to thank the magician for this!"
"마술사에게 고맙다고 해야겠어!"
"Where is the lamp?"
"등불은 어디 있지?"
"He carries it about with him" said the Princess
"그는 그것을 가지고 다닙니다." 공주가 말했다
"I know he carries the lamp with him"
"나는 그가 등불을 가지고 다니는 것을 안다"
"because he pulled it out of his breast to show me"
"나한테 보여주려고 가슴에서 꺼내 줬으니까"
"and he wishes me to break my faith with you and marry him"
"그리고 그는 내가 당신과의 믿음을 깨고 그와 결혼하기를 원합니다"
"and he said you were beheaded by my father's command"
"그리고 그는 네가 내 아버지의 명령에 의해 참수되었다고 말했다"
"He is for ever speaking ill of you"
"그는 영원히 너희에 대하여 나쁘게 말하고 있다"
"but I only reply by my tears"
"그러나 나는 눈물로만 대답합니다"
"If I persist, I doubt not"
"내가 고집한다면, 의심하지 않을 것입니다"
"but he will use violence"
"그러나 그는 폭력을 사용할 것이다"
Aladdin comforted his wife
알라딘은 아내를 위로했다
and he left her for a while
그리고 그는 한동안 그녀를 떠났다
He changed clothes with the first person he met in the town
그는 마을에서 처음 만난 사람과 옷을 갈아입었다
and having bought a certain powder, he returned to the Princess
그리고 어떤 가루를 사서 공주에게 돌아갔다
the Princess let him in by a little side door
공주는 작은 옆문으로 그를 들여보냈다

"Put on your most beautiful dress" he said to her
"가장 아름다운 드레스를 입으세요." 그가 그녀에게 말했다
"receive the magician with smiles today"
"오늘은 마술사를 웃는 얼굴로 맞이하세요"
"lead him to believe that you have forgotten me"
"네가 나를 잊었다고 믿게 하여라"
"Invite him to sup with you"
"그를 초대하여 함께 먹으라"
"and tell him you wish to taste the wine of his country"
"그리고 그에게 그의 나라의 포도주를 맛보고 싶다고 말하십시오"
"He will be gone for some time"
"그는 얼마 동안 떠나 있을 것이다"
"while he is gone I will tell you what to do"
"그가 떠나 있는 동안에 내가 너희에게 무엇을 해야 할지 알려주겠다"
She listened carefully to Aladdin
그녀는 알라딘의 말을 주의 깊게 들었다
and when he left she arrayed herself beautifully
그리고 그가 떠났을 때, 그녀는 아름답게 자신을 꾸몄다
she hadn't dressed like this since she had left her city
그녀는 도시를 떠난 이후로 이런 옷을 입어본 적이 없었다
She put on a girdle and head-dress of diamonds
그녀는 다이아몬드로 만든 허리띠를 두르고 머리 장식을 했다
she was more beautiful than ever
그녀는 그 어느 때보다도 아름다웠다
and she received the magician with a smile
그리고 그녀는 미소를 지으며 마술사를 맞이했습니다
"I have made up my mind that Aladdin is dead"
"나는 알라딘이 죽었다고 결심했다"
"my tears will not bring him back to me"
"내 눈물이 그를 내게로 돌아오게 하지 못하리라"
"so I am resolved to mourn no more"
"그러므로 나는 다시는 슬퍼하지 않기로 결심하였노라"
"therefore I invite you to sup with me"
"그러므로 내가 너희를 나와 함께 먹자고 권하노라"
"but I am tired of the wines we have"

"하지만 나는 우리가 가지고있는 와인에 지쳤다."
"I would like to taste the wines of Africa"
"아프리카의 와인을 맛보고 싶다"
The magician ran to his cellar
마술사는 지하실로 달려갔다
and the Princess put the powder Aladdin had given her in her cup
그리고 공주는 알라딘이 준 가루를 컵에 넣었다
When he returned she asked him to drink her health
그가 돌아왔을 때, 그녀는 그에게 자신의 건강을 위해 마실 것을 요청했다
and she handed him her cup in exchange for his
그리고 그녀는 그의 잔과 교환하여 그의 잔을 그에게 건네주었다.
this was done as a sign to show she was reconciled to him
이것은 그 여자가 그와 화해하였다는 것을 나타내기 위한 표시로 행해진 것이었다
Before drinking the magician made her a speech
술을 마시기 전에 마술사는 그녀에게 연설을 했다
he wanted to praise her beauty
그는 그녀의 아름다움을 칭찬하고 싶었다
but the Princess cut him short
그러나 공주는 그의 말을 잘랐다
"Let us drink first"
"먼저 마시자"
"and you shall say what you will afterwards"
"너는 그 후에 네가 할 말을 할지니라"
She set her cup to her lips and kept it there
그녀는 잔을 입술에 갖다 대고 그대로 두었다
the magician drained his cup to the dregs
마술사는 잔을 찌꺼기로 비웠다
and upon finishing his drink he fell back lifeless
술을 다 마신 후 그는 다시 쓰러져 생기를 잃었다
The Princess then opened the door to Aladdin
그러자 공주는 알라딘의 문을 열었다
and she flung her arms round his neck
그리고 그녀는 그의 목에 팔을 두르고 있었다
but Aladdin asked her to leave him

그러나 알라딘은 그녀에게 그를 떠나라고 요청했습니다
there was still more to be done
아직 해야 할 일이 더 있었다
He then went to the dead magician
그런 다음 그는 죽은 마술사에게로 갔습니다
and he took the lamp out of his vest
그리고 그는 조끼에서 등불을 꺼냈다
he bade the genie to carry the palace back
그는 지니에게 궁전을 다시 데려오라고 명령했다
the Princess in her chamber only felt two little shocks
방에 있던 공주는 두 번의 작은 충격을 느꼈을 뿐이었다
in little time she was at home again
얼마 지나지 않아 그녀는 다시 집으로 돌아왔다
The Sultan was sitting on his balcony
술탄은 발코니에 앉아 있었다
he was mourning for his lost daughter
그는 딸을 잃은 슬픔에 잠겨 있었다
he looked up and had to rub his eyes again
그는 고개를 들어 다시 눈을 비벼야 했다
the palace stood there as it had before
궁전은 예전과 마찬가지로 그곳에 서 있었다
He hastened over to the palace to see his daughter
그는 딸을 만나기 위해 서둘러 궁전으로 갔다
Aladdin received him in the hall of the palace
알라딘은 궁전 홀에서 그를 맞이했습니다
and the princess was at his side
그리고 공주는 그의 곁에 있었다
Aladdin told him what had happened
알라딘은 그에게 무슨 일이 있었는지 말해 주었다
and he showed him the dead body of the magician
그리고 마술사의 시체를 보여 주었다
so that the Sultan would believe him
술탄이 그를 믿도록
A ten days' feast was proclaimed
10일간의 축제가 선포되었다
and it seemed as if Aladdin might now live the rest of his life in peace

알라딘은 이제 여생을 평화롭게 살 수 있을 것 같았다
but it was not to be as peaceful as he had hoped
그러나 그가 바랐던 것만큼 평화롭지는 않았다

The African magician had a younger brother
아프리카 마술사에게는 남동생이 있었습니다
he was maybe even more wicked and cunning than his brother
어쩌면 그는 그의 형제보다 더 사악하고 교활했을지도 모른다
He travelled to Aladdin to avenge his brother's death
그는 동생의 죽음에 복수하기 위해 알라딘으로 향했습니다
he went to visit a pious woman called Fatima
그는 파티마라는 경건한 여인을 방문하러 갔다
he thought she might be of use to him
그는 그녀가 자신에게 도움이 될 수 있다고 생각했다
He entered her cell and clapped a dagger to her breast
그는 그녀의 감방으로 들어가 그녀의 가슴에 단검을 꽂았다
then he told her to rise and do his bidding
그런 다음 그는 그녀에게 일어나 그의 명령을 따르라고 말했습니다
and if she didn't he said he would kill her
그리고 그녀가 그렇게 하지 않는다면 그는 그녀를 죽이겠다고 말했다
He changed his clothes with her
그는 그녀와 함께 옷을 갈아입었다
and he coloured his face like hers
그리고 그는 그녀의 얼굴처럼 얼굴을 물들였다
he put on her veil so that he looked just like her
그는 그녀를 닮기 위해 베일을 썼다
and finally he murdered her despite her compliance
그리고 마침내 그는 그녀의 순응에도 불구하고 그녀를 살해했다
so that she could tell no tales
그녀가 어떤 이야기도 할 수 없도록
Then he went towards the palace of Aladdin
그런 다음 그는 알라딘의 궁전으로 갔다
all the people thought he was the holy woman
모든 사람들은 그가 거룩한 여인이라고 생각했습니다

they gathered round him to kiss his hands
그들은 그의 손에 입을 맞추기 위해 그의 주위에 모여들었다
and they begged for his blessing
그들은 그의 축복을 간청하였다
When he got to the palace there a great commotion around him
그가 궁전에 도착했을 때, 그의 주위에서는 큰 소동이 일어났다
the princess wanted to know what all the noise was about
공주는 이 모든 소음이 무엇에 관한 것인지 알고 싶었다
so she bade her servant to look out of the window for her
그래서 그 여자는 하인에게 자기를 위해 창밖을 내다보라고 명하였다
and her servant asked what the noise was all about
그러자 하인이 무슨 소리냐고 물었다
she found out it was the holy woman causing the commotion
그녀는 소란을 일으킨 것이 성스러운 여인이라는 것을 알았다
she was curing people of their ailments by touching them
그녀는 사람들을 만짐으로써 그들의 병을 고쳐 주고 있었다
the Princess had long desired to see Fatima
공주는 오랫동안 파티마를 보고 싶어 했다
so she get her servant to ask her into the palace
그래서 그녀는 하인을 시켜 궁전 안으로 들어가게 했다
and the false Fatima accepted the offer into the palace
거짓 파티마는 그 제안을 받아들여 궁전으로 들어갔다
the magician offered up a prayer for her health and prosperity
마술사는 그녀의 건강과 번영을 위해 기도를 드렸습니다
the Princess made him sit by her
공주는 그를 그녀 옆에 앉혔다
and she begged him to stay with her
그리고 그녀는 그에게 자기와 함께 머물러 달라고 간청하였다
The false Fatima wished for nothing better
거짓 파티마는 더 이상 바랄 것이 없다
and she consented to the princess' wish
그리고 그녀는 공주의 소원에 동의했다
but he kept his veil down
그러나 그는 베일을 내리고 있었다
because he knew that he would be discovered otherwise

그렇지 않으면 발각될 것을 알았기 때문입니다
The Princess showed him the hall
공주는 그에게 홀을 보여주었다
and she asked him what he thought of it
그리고 그녀는 그에게 그것에 대해 어떻게 생각하느냐고 물었다
"It is truly beautiful" said the false Fatima
"정말 아름답습니다." 거짓 파티마가 말했다
"but in my mind your palace still wants one thing"
"하지만 내 마음 속에는 당신의 궁전이 여전히 한 가지를 원합니다."
"And what is that?" asked the Princess
"그게 뭐죠?" 공주가 물었다
"If only a Roc's egg were hung up from the middle of this dome"
"록의 달걀이 이 돔 한가운데에 매달려 있다면"
"then it would be the wonder of the world" he said
"그러면 그것은 세상의 경이로움이 될 것입니다." 그가 말했다
After this the Princess could think of nothing but the Roc's egg
그 후 공주는 록의 알 외에는 아무것도 생각할 수 없었다
when Aladdin returned from hunting he found her in a very ill humour
알라딘이 사냥에서 돌아왔을 때, 그는 그녀가 매우 기분이 좋지 않은 것을 발견했다
He begged to know what was amiss
그는 무엇이 잘못되었는지 알려 달라고 애원했다
and she told him what had spoiled her pleasure
그리고 그녀는 무엇이 그녀의 쾌락을 망쳐 놓았는지 그에게 말했다
"I'm made miserable for the want of a Roc's egg"
"나는 록의 달걀을 원하기 때문에 비참해졌다"
"If that is all you want you shall soon be happy" replied Aladdin
"네가 원하는 것이 그것뿐이라면 곧 행복해질 거야." 알라딘이 대답했다
he left her and rubbed the lamp
그는 그녀를 떠나 램프를 문질렀다

when the genie appeared he commanded him to bring a Roc's egg
지니가 나타났을 때 그는 그에게 록의 알을 가져오라고 명령했습니다

The genie gave such a loud and terrible shriek that the hall shook
지니가 어찌나 크고 끔찍한 비명을 지르던지 홀이 흔들렸다

"Wretch!" he cried, "is it not enough that I have done everything for you?"
"가련하구나!" 그가 외쳤다, "내가 너를 위해 모든 것을 한 것만으로는 충분하지 않느냐?"

"but now you command me to bring my master"
"그러나 이제 당신은 내게 명하셔서 내 주인을 데려오게 하시나이다"

"and you want me to hang him up in the midst of this dome"
"그리고 당신은 내가 그를 이 돔 한가운데에 매달아 놓기를 원합니다."

"You and your wife and your palace deserve to be burnt to ashes"
"당신과 당신의 아내와 당신의 궁전은 불에 타 재가 되어야 마땅합니다"

"but this request does not come from you"
"그러나 이 요청은 당신에게서 온 것이 아닙니다"

"the demand comes from the brother of the magician"
「요구는 마술사의 형제로부터 온다」

"the magician whom you have destroyed"
"네가 멸망시킨 마술사"

"He is now in your palace disguised as the holy woman"
"그는 지금 거룩한 여인으로 변장하여 당신의 궁전에 있습니다"

"the real holy woman he has already murdered"
"그가 이미 살해한 진짜 거룩한 여자"

"it was him who put that wish into your wife's head"
"당신 아내의 머릿속에 그 소원을 넣어 준 사람이 바로 그였어요"

"Take care of yourself, for he means to kill you"
"그가 너를 죽이려고 하느니라"

upon saying this the genie disappeared
이렇게 말하자 지니는 사라졌다

Aladdin went back to the Princess
알라딘은 공주에게 돌아갔다
he told her that his head ached
그는 그녀에게 머리가 아프다고 말했다
so she requested the holy Fatima to be fetched
그래서 그녀는 거룩한 파티마를 가져다 달라고 요청했다
she could lay her hands on his head
그녀는 그의 머리에 손을 얹을 수 있었다
and his headache would be cured by her powers
그의 두통은 그녀의 힘으로 치료될 것이다
when the magician came near Aladdin seized his dagger
마술사가 가까이 왔을 때 알라딘은 단검을 집어 들었다
and he pierced him in the heart
그리고 그의 심장을 찔렀다
"What have you done?" cried the Princess
"무슨 짓을 한 거야?" 공주가 소리쳤다
"You have killed the holy woman!"
"네가 성녀를 죽였구나!"
"It is not so" replied Aladdin
"그렇지 않습니다." 알라딘이 대답했다
"I have killed a wicked magician"
"내가 악한 마술사를 죽였다"
and he told her of how she had been deceived
그리고 그 여자가 어떻게 속았는지를 말하였다
After this Aladdin and his wife lived in peace
그 후 알라딘과 그의 아내는 평화롭게 살았습니다
He succeeded the Sultan when he died
그는 술탄이 죽었을 때 그를 계승했습니다
he reigned over the kingdom for many years
그는 여러 해 동안 왕국을 다스렸다
and he left behind him a long lineage of kings
그리고 그는 긴 왕들의 혈통을 남겼다

The End - 끝

www.tranzlaty.com

www.ingramcontent.com/pod-product-compliance
Lightning Source LLC
Chambersburg PA
CBHW011954090526
44591CB00020B/2772